AF257427

PROJET

DE

POMPE FUNÈBRE,

A célébrer à perpétuité, dans tout le Royaume de France et autres possessions étant sous sa domination, le 21 janvier de chaque année, à dater du 21 janvier prochain 1816, en expiation de la mort de LOUIS XVI, détrôné, jugé et condamné à Paris, et exécuté sur un échafaud le 21 janvier 1793, jour d'exécrable mémoire, crime qui fut commis par une troupe de factieux qui se disaient les représentans du peuple français;

Pouvant faire suite au Mémoire justificatif de Louis XVI, par M. LÉOPOLD, avocat, seconde édition, revue, corrigée et considérablement augmentée de morceaux analogues et de notes historiques : la première a paru en février 1793, et a été totalement épuisée.

Dieu fit du repentir la vertu des Mortels.

A PARIS,

CHEZ tous les Libraires, Marchands de Nouveautés.

DE L'IMPRIMERIE DE J.-L. SCHERFF, PASSAGE DU CAIRE.

1816.

PROJET

DE POMPE FUNÈBRE,

En expiation de la Mort de Louis XVI.

Loin de nous tout projet de vengeance ; notre religion la défend, et le monarque lui-même, au moment de sa mort, pardonnant à ses ennemis, nous retrace assez nos devoirs par cet exemple sublime.

Son auguste frère, son successeur au trône, Louis XVIII le Désiré, le testament de l'infortuné Louis XVI à la main, nous dit, à tous : *Qui osera se venger quand le Roi pardonne ?*

Parmi les peuples de l'Europe qui vivent sous un gouvernement monarchique, le peuple français s'est toujours distingué par son amour et sa fidélité pour ses rois : c'est là une vérité attestée par l'histoire et par les étrangers qui ont observé avec quelqu'attention les mœurs et le caractère de la nation française.

N'hésitons point à dire que cet attachement a été porté à un degré tel que le souverain de ce vaste empire semblait être, pour la nation entière, l'objet d'un culte religieux. De nombreuses époques, sous divers règnes, prouvent assez ce que nous venons d'avancer.

Nous citerons seulement les deux plus récentes. La première a beaucoup de Français encore pour témoins ; c'est la maladie de Louis XV, à Metz, en 1744.

La seconde est le voyage que fit, en l'année 1787, le bon, le vertueux, le bien-aimé Louis XVI, à Cherbourg, pour visiter et encourager, par sa présence, les travaux considérables qu'il avait ordonnés dans ce port.

Sur la maladie de Louis XV à Metz, nous nous bornerons à rapporter ce que dit Voltaire lui-même, dans la suite du siècle de Louis XIV, sur la guerre de 1741, tome 3, pages 216 et 217, édition de Paris, 1780.

Voici comment il s'exprime :

« Le roi se mit à la tête de ses armées ;
» rien ne lui résista en Flandres : il prit Menin,
» Courtrai et Ypres. Au milieu de ses pro-
» grès, il apprend que le prince Charles de
» Lorraine a passé le Rhin et est entré en
» Alsace.

» Le roi marche aussitôt de ce côté, et il

» augmente, pendant cette marche rapide,
» la paie et la nourriture de ses soldats : étant
» arrivé à Metz, il y est malade à l'extrémité,
» et on désespère de sa vie. Jamais on n'a vu
» en France une pareille désolation, et jamais
» peuple n'a montré tant d'amour pour son
» roi.

» On s'assemblait dans toutes les villes ; les
» prêtres, en prononçant les prières pour la
» santé du roi, les interrompaient par des
» sanglots et par des cris : enfin, lorsqu'on
» apprit sa convalescence, la joie fut aussi
» immodérée que la douleur. »

Nous devons ajouter à ce que rapporte Voltaire, d'autres faits aussi vrais et non moins intéressans.

On voyait alors des habitans de Paris passer des nuits entières à la porte de l'Hôtel-de-Ville et de l'Hôtel des Postes, pour y attendre les courriers qui venaient de Metz. Celui qui apporta l'heureuse nouvelle de la convalescence du roi fut entouré et pressé par une foule si prodigieuse, que son cheval ne pouvait plus marcher, et qu'il fut porté par le peuple jusqu'à l'Hôtel-de-Ville. On a même vu des hommes, en ce moment de délire, baiser les jambes du cheval du courrier.

(4)

Lors du voyage de Louis XVI à Cherbourg, on se rappèle avec quels transports de joie, avec quel enthousiasme ce prince fut reçu partout où il passa. Depuis Versailles jusqu'au rivage de la mer sa route était couverte d'un peuple immense : les cultivateurs, les artisans et tous les plus riches seigneurs et propriétaires quittaient leurs habitations, leurs travaux, et faisaient, tant à pied qu'en voiture et à cheval, de 10, 12, 15 et 20 lieues pour se rendre sur son passage. La joie était sur tous les visages et dans tous les cœurs : chacun désirait voir le roi et en être vu ; les uns demandaient à l'embrasser, les autres lui faisaient promettre de revenir les voir. Les villages, les bourgs, les villes qui se trouvaient sur sa route étaient jonchés de fleurs, décorés, illuminés spontanément avec goût et magnificence : enfin, chaque jour de cet heureux voyage était un jour de fête, où mille témoignages de sensibilité honoraient également et le cœur du monarque et ceux de ses sujets.....

Hélas ! bons et fidèles Normands, vous étiez, sans doute, bien loin de penser alors qu'il existât au milieu de vous des hommes assez pervers, assez barbares pour faire périr

quelques années après, sur un indigne échafaud, le même roi auquel vous auriez voulu
élever des autels !

Lorsque l'on compare entre elles ces deux
époques, on ne peut se défendre d'attribuer
au sentiment de la reconnaissance les marques
du tendre intérêt que le peuple donnait au roi
Louis XV : il commandait ses armées en personne ; il partageait les dangers de ses soldats ;
il ménageait leur sang, leur prodiguait ses
soins ; il était victorieux, et se faisait admirer
par son humanité autant que par sa valeur.

Louis XVI était en pleine paix ; aucune
action militaire et d'éclat ne l'avait encore
fait connaître. Il avait reçu une éducation
très-soignée et digne du trône où sa naissance
l'appelait. Il était né avec un esprit juste, un
cœur droit et une ame sensible : ayant le goût
de l'étude, il cultivait les sciences et les arts,
et il y avait acquis des connaissances utiles.
Une extrême modestie empêchait souvent ses
qualités de paraître dans tout leur jour : depuis longtems la calomnie les lui disputait et
lui prêtait même des défauts qu'il n'eut jamais.
Il s'occupait de toute son ame à maintenir
cette paix si nécessaire à la prospérité des
empires, à mettre la marine sur un pied

respectable, à rétablir les finances épuisées par les dernières guerres et par des emprunts onéreux et multipliés par un ministre né républicain, plus jaloux d'une popularité passagère que du bonheur public et de la gloire du roi. Toutefois l'austérité et la pureté des mœurs de ce prince étaient si généralement reconnues, que lorsque le peuple témoignait tant de joie et d'empressement à le voir et à le contempler, c'était à ses vertus personnelles autant qu'à la majesté royale qu'il rendait hommage.

Les novateurs, les philosophes du jour ont osé dire que Louis XVI n'était pas digne de son siècle : ne serait-il pas plus juste de dire que son siècle ne fut pas digne de lui ?

On n'a cessé, depuis 1789 et années antérieures, d'exhalter les progrès de la raison humaine : si, du moins, ils avaient tourné au profit des arts et des sciences, il faudrait s'en applaudir ; mais si la raison humaine n'a adopté que de nouvelles erreurs, qui ont conduit à la destruction de la morale publique ; si l'on a vu des orateurs modernes se disputer la gloire funeste d'avilir tout ce que la religion a de sacré, tout ce que les lois d'un gouvernement légitime ont de respectable, on conviendra que les mêmes progrès, si vantés, sont ceux de la licence et non de la raison ; et nous demeurerons d'accord et convaincus tout à-la-fois, d'après notre propre expérience, que sans mœurs et sans religion il ne peut exister ni société ni gouvernement, ni sûreté ni félicité publique : or, sous ce point de vue, Louis XVI eût été de tous les hommes le plus utile à sa patrie. Il semblait être, en France, le seul que la corruption générale n'eût pas attaqué. On sait de quelle influence peut être l'exemple d'un souverain sur les mœurs publiques, et personne n'ignore qu'aucun prince ne porta plus loin que lui la sévérité des mœurs et l'attachement à sa religion. Il reconnaissait donc, sous tous les rapports, le respect et l'amour dont le peuple lui avait donné des témoignages si éclatans.

Par quelle fatalité, par quel aveuglement inconcevable cet amour si justement inspiré, si généralement exhalté, a-t-il paru se changer si subitement en haine ? et comment ces mêmes Français, naguères si hospitaliers, s humains, si justement orgueilleux de tenir le premier rang parmi les peuples civilisés, sont-ils devenus, tout-à-coup, si injustes, si barbares envers le plus généreux des hommes et le plus vertueux des rois, qui ne s'occupait que du bonheur public, et à qui, pour atteindre à son but, tous les sacrifices étaient possibles, même ceux des prérogatives de sa personne, ainsi qu'on le jugera par un de ses discours ?

Il faisait aux Français l'honneur de croire à leur loyauté. Devait-il croire lui-même que ses lettres de convocation aux États-généraux deviendraient contre lui des titres de proscription, et que des hommes appelés par lui à la réforme des abus, et qui avaient fait serment de défendre et de conserver l'autel et le trône, en seraient bientôt eux-mêmes les premiers destructeurs ?

Il faut juger le monarque par ses faits et par ses paroles. Est-il rien de plus sublime et de plus touchant que le discours qu'il prononça à l'assemblée nationale, le 4 février 1790 ?

« Messieurs, leur dit-il, la gravité des cir-
» constances où se trouve la France m'attire
» au milieu de vous. Le relâchement pro-
» gressif de tous les liens de l'ordre et de la
» subordination, la suspension ou l'inactivité
» de la justice, les mécontentemens qui
» naissent des privations particulières, les

» haines malheureuses, qui sont la suite iné-
» vitable des longues dissentions, la situation
» critique des finances et les incertitudes sur
» la fortune publique ; enfin, l'agitation gé-
» nérale des esprits, tout semble se réunir
» pour entretenir l'inquiétude des véritables
» amis de la prospérité et du bonheur du
» royaume.

» Un grand but se présente à vos regards ;
» mais il faut y atteindre, sans accroissement
» de troubles et sans de nouvelles convulsions.
» C'était, je dois le dire, d'une manière plus
» douce et plus tranquille que j'espérais vous
» y conduire, lorsque je formai le dessein de
» vous rassembler et de réunir, pour la féli-
» cité publique, les lumières et les volontés
» des représentans de la nation ; mais mon
» bonheur et ma gloire n'en sont pas moins
» liés étroitement au succès de vos travaux.

» Je les ai garantis, par une continuelle
» vigilance, de l'influence funeste que pou-
» vaient avoir sur eux les circonstances mal-
» heureuses au milieu desquelles vous vous
» trouvez placés. Les horreurs de la disette,
» que la France avait à craindre l'année der-
» nière, ont été éloignées par des soins mul-
» tipliés et des approvisionnemens immenses ;

» le désordre que l'état ancien des finances,
» le discrédit, l'excessive rareté du numé-
» raire et le dépérissement graduel des re-
» venus devaient nécessairement amener, ce
» désordre, au moins, dans son éclat et dans
» ses excès, a été jusqu'à présent écarté.
» J'ai adouci partout, et principalement dans
» la capitale, les dangereuses conséquences
» du défaut de travail, et nonobstant l'affai-
» blissement de tous les moyens de l'autorité,
» j'ai maintenu le royaume, non pas, il s'en
» faut bien, dans le calme que j'eusse désiré,
» mais dans un état de tranquillité suffisant
» pour recevoir le bienfait d'une liberté sage
» et bien ordonnée : enfin, malgré notre si-
» tuation intérieure, généralement connue,
» et malgré les orages politiques qui agitent
» d'autres nations, j'ai conservé la paix au
» dehors, et j'ai entretenu, avec toutes les
» puissances de l'Europe, les rapports d'égards
» et d'amitié qui peuvent rendre cette paix
» durable.

» Après vous avoir ainsi préservé des
» grandes contrariétés qui pouvaient si aisé-
« ment traverser vos soins et vos travaux, je
» crois le moment arrivé, où il importe à
» l'intérêt de l'état que je m'associe, d'une

» manière encore plus expresse et plus ma-
» nifeste, à l'exécution et à la réussite de tout
» ce que vous avez concerté pour l'avantage
» de la France. Je ne puis saisir une plus
» grande occasion que celle où vous présentez
» à mon acceptation des décrets destinés à
» établir dans le royaume une organisation
» nouvelle, qui doit avoir une influence si
» grande, si importante et si propice sur le
» bonheur de mes sujets et sur la prospérité
» de cet empire.

» Vous savez, Messieurs, qu'il y a plus
» de dix ans, et dans un tems où le vœu de
» la nation ne s'était pas encore expliqué sur
» les assemblées provinciales, j'avais com-
» mencé à substituer ce genre d'administra-
» tion, à celui qu'une ancienne et longue habi-
» tude avait consacré. L'expérience m'ayant
» fait connaitre que je ne m'étais point trompé
» dans l'opinion que j'avais conçue de l'utilité
» de ces établissemens, j'ai cherché à faire
» jouir du même bienfait toutes les provinces
» de mon royaume ; et, pour assurer aux
» nouvelles administrations la confiance gé-
» nérale, j'ai voulu que les membres dont
» elles devaient être composées fussent nom-
» més librement par tous les citoyens. Vous

» avez amélioré ces vues de plusieurs ma-
» nières, et la plus essentielle, sans doute,
» est cette subdivision égale et sagement mo-
» tivée, qui, en affaiblissant les anciennes
» séparations de province à province, et en
» établissant un système général et complet
» d'équilibre, réunit davantage à un même
» esprit et à un même intérêt toutes les parties
» du royaume.

» En même tems, néanmoins, tout ce qui
» rappèle à une nation l'ancienneté et la
» continuité des services d'une race honorée
» est une distinction que rien ne peut détruire,
» et comme elle s'unit aux devoirs de la re-
» connaissance, ceux qui, dans toutes les
» classes de la société, aspirent efficacement
» à servir leur patrie, et ceux qui ont eu
» déjà le bonheur d'y réussir, ont un intérêt
» à respecter cette transmission de titres ou
» de souvenirs, le plus beau de tous les héri-
» tages qu'on puisse faire passer à ses en-
» fans.

» Le respect dû aux ministres de la reli-
» gion ne pourra non plus s'effacer ; et lorsque
» leur considération sera principalement unie
» aux saintes vérités, qui sont la sauve-garde
» de l'ordre et de la morale, tous les citoyens

(13)

» honnêtes et éclairés auront un égal intérêt
» à la maintenir et à la défendre.

» Sans doute ceux qui ont abandonné leurs
» priviléges pécuniaires, ceux qui ne forme-
» ront plus, comme autrefois, un ordre poli-
» tique dans l'état, se trouvent soumis à des
» sacrifices dont je connais toute l'impor-
» tance ; mais j'en ai la persuasion intime,
» ils auront assez de générosité pour chercher
» un dédommagement dans tous les avan-
» tages publics dont l'établissement des as-
» semblées nationales présente l'espérance.

» J'aurais bien aussi des pertes à compter,
» si, au milieu des plus grands intérêts de
» l'état, je m'arrêtais à des calculs person-
» nels ; mais je trouve une compensation qui
» me suffit, une compensation pleine et
» entière, dans l'accroissement du bonheur
» de la nation, et c'est du fond de mon cœur
» que j'exprime ici ce sentiment.

» Je défendrai donc, je maintiendrai la
» liberté constitutionnelle, dont le vœu gé-
» néral, d'accord avec le mien, a consacré
» ces principes ; je ferai davantage, et, de
» concert avec la reine, qui partage tous mes
» sentimens, je préparerai de bonne heure
» l'esprit et le cœur de mon fils au nouvel

» ordre de choses que les circonstances ont
» amenées ; je l'habituerai, dès ses premiers
» ans, à être heureux du bonheur des Fran-
» çais, et à reconnaître toujours, malgré le
» langage des flatteurs, qu'une sage constitu-
» tion le préservera des dangers de l'inexpé-
» rience, et qu'une juste liberté ajoute un
» nouveau prix aux sentimens d'amour et de
» fidélité dont la nation depuis tant de siècles
» donne à ses rois des preuves si touchantes.
» Je ne dois point le mettre en doute ; en
» achevant votre ouvrage, vous vous occu-
» perez sûrement, avec sagesse et avec can-
» deur, de l'affermissement du pouvoir exé-
» cutif, cette condition sans laquelle il ne
» saurait exister aucun ordre durable au-
» dedans, ni aucune considération au-dehors.
» Nulle défiance ne peut raisonnablement
» vous rester ; ainsi il est de votre devoir,
» comme citoyens et comme fidèles repré-
» sentans de la nation, d'assurer au bien de
» l'état et à la liberté publique, cette stabilité
» qui ne peut dériver que d'une autorité active
» et tutélaire. Vous aurez sûrement présent à
» l'esprit que, sans une telle autorité, toutes
» les parties de votre système de constitution
» resteraient à-la-fois sans lien et sans corres-

» pondance ; et, en vous occupant de la li-
» berté , que vous aimez et que j'aime aussi,
» vous ne perdrez pas de vue que le désordre,
» en administration, en amenant la confusion
» des pouvoirs, dégénère souvent, par d'a-
» veugles violences, dans la plus dangereuse
» et la plus alarmante de toutes les tyrannies.

» Ainsi, non pas pour moi, Messieurs, qui
» ne compte point ce qui m'est personnel
» pour des lois et des institutions qui doivent
» régler le destin de l'empire, mais pour le
» bonheur même de notre patrie, pour sa
» prospérité, pour sa puissance, je vous in-
» vite à vous affranchir de toutes les impres-
» sions du moment qui pourraient vous dé-
» tourner de considérer dans son ensemble
» ce qu'exige un royaume tel que la France,
» et par sa vaste étendue, et par son immense
» population, et par ses relations inévitables
» au-dehors.

» Vous ne négligerez point non plus de
» fixer votre attention sur ce qu'exigent en-
» core des législateurs les mœurs, le caractère
» et les habitudes d'une nation devenue trop
» célèbre en Europe, par la nature de son
» esprit et de son génie, pour qu'il puisse
» paraître indifférent d'entretenir ou d'alté-

» rer en elle les sentimens de douleur, de
» confiance et de bonté qui lui ont valu tant
» de renommée (1). »

Sous le prétexte de créer une constitution nouvelle, comme s'il pouvait en exister une meilleure que celle que neuf cents ans ont consacrée, on vit alors, de même que l'on voit aujourd'hui, des modernes Solons, de ces Aristarques (2) qui, ne rougissant pas de prôner et d'annoncer, dans les papiers publics, des

---

(1) Voyez le Moniteur du 5 février 1790.

(2) Ducancel, alors clerc de procureur, ex–avoué, avocat, et membre du conseil général du département de l'Oise, fut député, à la fin de 1792, avec le boucher Legendre, par le club des Cordeliers, près le club dit *des Jacobins*, pour demander la tête de Louis XVI. Ducancel y porta la parole : son discours fini, Legendre improvisa, de son propre mouvement, la distribution du corps du roi en autant de portions qu'il y a de départemens ; l'envoi dans chacun d'eux. Ces deux antropophages reçurent les applaudissemens de la société, l'accolade fraternelle, les honneurs de la séance, la mention honorable au procès-verbal, et l'envoi de celui-ci à toutes les sociétés affiliées.

La mémoire reproduit de bien lamentables souvenirs, et des scènes plus épouvantables encore : l'imagination se perd, les sens se soulèvent, et l'on frémit de ces horreurs.

projets de constitutions, qu'ils seraient encore
les premiers à violer et à méconnaître ; eux
qui devraient, à bon droit, s'écrier : O terre !
entr'ouvre-toi et engloutis dans tes entrailles
nos crimes et notre existence, qui font honte
à la nature.

Le roi pouvait-il penser qu'un prince de
son sang, qui avait déjà encouru toute la
rigueur des lois, renouerait une trame criminelle et deviendrait le chef d'une conspi-
ration contre l'état et contre son souverain ?
Louis XVI avait trop de vertus pour soup-
çonner tant de perversité dans le cœur des
hommes qui, par leur naissance et leur état,
approchaient le plus près de sa personne. Il
pouvait dénoncer aux tribunaux et faire
punir les factieux connus dès 1789, et dont
le duc d'Orléans était le chef : mais croyant
à leur repentir, il satisfit son cœur en les
traitant avec une indulgence vraiment paternelle ; et, pour prix de tant de bonté, ils l'ont
accablé d'outrages.

Le tems est enfin arrivé où l'on peut dire
la vérité au peuple, si indignement trompé
par de vils hypocrites, par ces féroces prédica-
teurs de rebellion et d'anarchie, qu'on voyait
se succéder, avec tant de rage, dans les tri-

bunes qu'ils avaient imaginées, pour distri-
buer, avec plus de succès, le poison du men-
songe et de la calomnie. Il faut que le peuple
sache que la destruction de la religion, le
renversement du trône, la violation de toutes
les propriétés, la dilapidation de la fortune
publique, les réquisitions, pire cent millions
de fois plus que les anciennes milices; enfin,
cette conscription si funeste à l'agriculture,
au commerce et aux arts, les proscriptions,
les massacres, les assassinats juridiques, les
commissions militaires, les exécutions noc-
turnes de la plaine de Grenelle, des fossés de
Vincennes; la famine, la guerre, tous les
fléaux, enfin, qui ont ravagé la France et ont
porté l'épouvante et l'horreur dans les quatre
parties du Monde, sont l'ouvrage non seulement de trois assemblées connues en France
sous les noms de *Constituante, Législative* et
de *Convention,* lesquelles n'ayant pas été con-
voquées légalement, conformément aux lois
de l'état, mais formées par la violence, l'usurpation et les séditions populaires, ne peuvent
être considérées que comme des clubs, des
cotteries de factieux qui ont eu l'heureuse au-
dace de se faire payer fort cher, par le trésor
public, le tems qu'ils ont employé et qu'ils

employaient à préparer des fers et des sup-
plices à leurs concitoyens, mais encore de
tout ce qui s'est passé dans toutes ces assemblées et sous tous les prétendus gouverne-
mens qui se sont succédés depuis, jusqu'au
jour de l'heureuse arrivée de notre roi et de
son auguste famille.

Il est hors de doute qu'au moment où les
états-généraux ont été détruits et remplacés
par une assemblée illégale, que le roi lui-même
n'avait pas le droit de légitimer à lui seul, la
monarchie a été méconnue par ce seul fait ;
tout ce qui a suivi cet acte despotique popu-
laire n'a que trop justifié cette vérité.

Ainsi, nous avons vu le roi dans le plus dur
esclavge, toujours menacé du poignard des
factieux, et n'ayant aucune sorte d'autorité ;
les nouvelles lois même, faites par cette assemblée, étaient ou frappées de nullité ou élu-
dées, suivant l'intérêt ou le caprice des cons-
pirateurs, qui, de leur repaire fixé dans le
local dit *des Jacobins*, dictaient impérieuse-
ment leur volonté à l'assemblée et au roi.

« Ainsi donc (comme l'a démontré jusqu'au dernier degré d'évidence, l'auteur de
l'*Histoire des États - généraux*, en 1789),
» le grand procès de la révolution est jugé.

» Victimes ou complices de ces excès, nous
» venons tous, diversement mutilés, déposer
» contre eux au tribunal de l'opinion : et nos
» plaies, encore sanglantes, sont les terribles
» témoins qui l'accusent.

» Quel jour tristement mémorable que
» celui où cette assemblée, la plus imposante
» et la plus désastreuse qui ait paru au pied
» du trône, chargée des intérêts de la nation,
» ouvrit ses séances, pour les malheurs de la
» France et de l'Europe ! Composée de l'élite
» des trois ordres de l'état, d'hommes dont
» la plupart joignaient à de grandes lumières
» des intentions pures, quelle était sa mis-
» sion ? D'extirper les abus, de subvenir aux
» besoins du corps social, de réparer le dé-
» sordre des finances. Qu'a-t-elle opérée ?
» Une destruction totale. Ces zélés citoyens,
» qui péroraient en Cicéron, agirent en Cati-
» lina. Ces mandataires du peuple se trans-
» formèrent en ennemis du roi ; au lieu de
» s'unir au souverain qui les appelait autour
» de lui pour l'aider à faire le bien, ils s'iso-
» lèrent pour faire le mal. On les voit s'an-
» nonçant d'abord par d'heureuses réformes,
» attaquer bientôt la noblesse, le clergé et
» enfin le monarque lui-même ; renverser

» d'une main séditieuse toutes les barrières ;
» rompre tous les liens que la sagesse des
» lois et l'antiquité des institutions françaises
» opposaient à la turbulence naturelle de la
» nation, et après avoir déchaîné le peuple
» dans l'arène politique, se retirer précipi-
» tamment, effrayés de leur ouvrage à l'as-
» pect du monstre s'élançant pour les dé-
» vorer. Comment concevoir que parmi tant
» de personnages recommandables, un si
» petit nombre ait prévu le danger et se soit
» élevé contre ces usurpations successives ,
» qui ne pouvaient avoir d'autre effet que de
» nous conduire à l'anarchie ? Nous savons
» combien de talens brillèrent alors ; nous
» avons entendu de belles phrases, assisté à
» des discussions profondes. Que de grandes
» questions agitées par de grands génies ! que
» de principes fondamentaux posés ! que de
» solutions importantes établies ! D'où vient
» donc que ces créateurs nous ont laissé le
» chaos ?

   » Il faut en attribuer la cause à un petit
» vice dont les résultats ont été prodigieux.
» La vanité bourgeoise voulut opposer ses
» prétentions à la majesté royale : chacun
» des membres de cette assemblée se plaça

» dans son fauteuil comme sur un trône, et,
» devenu plus entreprenant à chaque essai de
» souveraineté qui lui réussissait, après avoir
» rivalisé d'autorité avec le monarque, finit
» par lui envoyer des lois. Non seulement ces
» prétentions incroyables germaient dans la
» tête des représentans de la nation, mais on
» les voyait fructifier chez tous les déposi-
» taires de la force civile et militaire, et
» MM. Bailly et autres singeaient aussi des
» puissances. Par malheur ils ne le furent
» que trop! Quand Bailly, dans l'excès de
» sa joie insensée, disait à ses amis et à sa
» femme : je suis roi de Paris ; se trompait-il?
» Ainsi nous avons donc vu le sceptre tomber
» du haut du trône sur le bureau d'un maire,
» pour descendre bientôt sur l'établi de l'ar-
» tisan. Quelles affligeantes cascades! Autre
» source de nos malheurs ; la passion, qui se
» mêle à tout, et qui domine toujours dans
» les grandes assemblées délibérantes : vous
» y entrez calme, vous en sortez dans le
» délire. Le moyen que dans ce choc éternel
» des opinions, dans ce flux et reflux de pro-
» positions combattues avec violence et dé-
» fendues avec impétuosité, l'esprit suive
» invariablement la ligne qu'il s'est tracée!

» Représentons-nous l'orateur à la tribune,
» entouré de toutes les passions, luttant avec
» tous les orgueils, entraîné par les flots de
» sa propre éloquence ; il se trouble, il s'égare,
» il abandonne, d'obstacles en obstacles et
» d'irritation en irritation, les erremens de
» la raison dont il venait assurer le triomphe,
» pour se précipiter dans ce vide de théories,
» dont il ne trouve d'autre avantage que de
» lui servir de refuge contre l'opinion de son
» adversaire. Dans ces combats de la pensée,
» la probité est souvent un piège, la bonne
» foi une surprise. La conviction de l'excel-
» lence de sa thèse porte celui qui la soutient
» à des excès dont il serait étonné, s'il pou-
» vait envisager de sang-froid et le point d'où
» il part et le point où il arrive. Le tumulte
» inséparable d'une discussion vive et prolon-
» gée, les applaudissemens, les huées du
» peuple prodigués tour-à-tour au même
» homme ; le sarcasme de l'indifférent, l'in-
» vective du furieux, le bâillement de l'en-
» nuyé, tout l'anime, l'excite, le transporte :
» il n'est point de parti qu'il n'embrasse, point
» d'opinion qu'il ne défende, point de sys-
» tème qu'il ne favorise, plutôt de rester
» court ou de s'avouer vaincu, ou d'accueillir

» une motion qu'il a repoussée : une fois en-
» gagé dans la carrière, un faux honneur ne
» lui permet plus d'en sortir tel qu'il s'était
» promis ; la modération devient forcenée par
» bienséance, et, dans ce conflict de fureur
» et d'animosité, la chose publique est écrasée.
» Quelle pitié ! des esprits profonds ont assi-
» gné à la révolution toutes sortes de causes,
» excepté la vraie : elle ne fut réellement
» qu'une affaire d'amour-propre.

» Mais tandis que la plupart des membres
» de l'assemblée faisaient des sottises, quel-
» ques-uns préparaient des crimes : les pre-
» miers n'avaient aucun plan, et ils débi-
» tèrent des phrases ; les seconds suivaient
» une marche aussi méthodique que secrète,
» et ils nous donnèrent l'anarchie. On ne
» peut se défendre d'un sentiment dédaigneux
» en apercevant tant d'hommes éminens qui
» travaillent, à leur solde, pour une poignée
» d'intrigans et de misérables !

» Que dire de Mirabeau-Raton, livrant
» étourdiment la révolution à Robespierre
» Bertrand ? Où était donc la pensée de ce
» Mirabeau, si éloquent et si insensé, lors-
» qu'il crut pouvoir arrêter le torrent après
» l'avoir déchaîné ? Plus prévoyant que la

» plupart de ses collègues, il découvrit de
» loin l'hydre de la terreur, marquant de
» loin ses victimes, et il frémit : il voulut
» exterminer ce monstre naissant ; il se rap-
» procha du trône, et lui offrit pour défense
» les foudres de son éloquence. Ignorait-il
» donc que son éloquence n'était forte, aux
» yeux de la tourbe, que des mots de liberté,
» d'égalité, et qu'une fois dépopularisé, pour
» ainsi dire, par la perte de ces mots ma-
» giques, il perdait tout son empire dans
» l'esprit de la multitude? Aussi son rôle
» était-il fini quand il mourut. Mirabeau ne
» fut que la trompette de la révolution ; Ro-
» bespierre en fut le héros.

» La révolution, cette sirène dont nous
» avons vu la queue, et dont nous sommes
» dégoûtés pour jamais, pouvions-nous l'évi-
» ter ? Grande question, qui ne me semble
» pas difficile à résoudre, d'après les faits.
» Il est certain qu'avec d'autres circonstances,
» un autre peuple, un autre roi, les choses
» auraient pu prendre une autre face, ou
» garder la leur ; ce qui valait encore mieux:
» mais parlons du tems où cette révolution
» est née, et nous verrons qu'elle était aussi
» inévitable, dans l'ordre moral, que le sont,

» dans l'ordre physique, les tremblemens de
» terre et les autres phénomènes de la nature.
» Les maux qu'elle a entraînés à sa suite sont
» incalculables ; ils nous frappent encore de
» tous côtés : mais n'a-t-elle pas offert aussi
» quelques avantages ? Il serait injuste de le
» nier ; nous en voyons aujourd'hui la preuve
» dans cette sage constitution de la libéralité
» du roi, dans cette constitution, fruit de
» vingt-cinq années d'expérience ou de mal-
» heurs, où tous les pouvoirs sont balancés
» avec une équitable modération, où tous les
» droits sont reconnus, où tous les devoirs
» sont fixés. Heureuse la nation qui, après
» avoir été en proie à elle-même, puis op-
» primée par le plus féroce despotisme, res-
» pire, enfin, sous un souverain ami de la
» liberté et conservateur de ses privilèges !
» Plus heureuse la nation reconnaissante qui
» paiera les généreux efforts de ce souverain
» par un amour sans bornes et une fidélité
» sans interruption !

» Maintenant que notre état politique est
» irrévocablement assis, maintenant que
» nous avons saisi l'ancre du salut, nous
» regardons dans le passé, non pour y cher-
» cher des souvenirs de vengeance, mais afin

» d'y puiser des leçons pour l'avenir ; les
» fautes que nous avons commises, ou dont
» nous fûmes les victimes, sont désormais
» inscrites dans les fastes de l'histoire ; gar-
» dons-nous de rejeter ce livre qui nous les
» rappelle, ce serait briser notre miroir. Que
» le tableau de nos folies nous apprenne à
» devenir sages ; que la jeunesse s'instruise
» par l'exemple de ses pères ; que des imagi-
» nations naissantes, toujours prêtes à ac-
» cueillir les idées platoniques, en comparant
» ce qu'on voulait et ce qu'on a fait dans ces
» tems de prestiges, voient ce qu'on y fait
» encore et s'arrêtent dans la sphère du pos-
» sible. Il faut remercier les écrivains labo-
» rieux et sensés qui s'occupent à remettre
» sous nos yeux le spectacle de nos erreurs
» politiques, comme on nous montre de la
» fausse monnaie pour nous empêcher d'en
» recevoir et d'être pris pour dupes. Sous le
» rapport de l'intention et de l'exécution, l'au-
» teur de l'ouvrage d'où nous avons extrait ce
» morceau, mérite toutes nos louanges. Il ne
« déguise aucun tort même du parti légitime,
» et il lui parle avec sagesse et modération ;
» il intéresse à la personne du roi ; il le peint
» tel qu'il était, pénétré d'amour pour son

» peuple, plein du sentiment de sa dignité
» souveraine, qu'il manifesta toujours et sa-
» crifia sans cesse à sa bonté paternelle. On
» gémit que tant de noblesse d'ame ait été
» payée de tant d'ingratitude; on s'indigne de
» voir une assemblée, convoquée pour éclai-
» rer le roi sur les besoins de l'état, arborer
» l'étendard de la faction et se servir du nom
» du peuple pour opprimer le roi. On se de-
» mande jusqu'à quel point les disputes d'éti-
» quettes étaient nécessaires au salut de la
» nation, pour que ses mandataires en fissent
» un des grands objets de leurs discussions
» solennelles. On frémit des interruptions
» fréquentes de ces séances, occasionnées
» par l'avis de quelque sédition nouvelle, de
» quelqu'assassinat récent. C'était donc au
» milieu des poignards, en présence des ca-
» davres, que cette assemblée décrétait la
» liberté et nous annonçait le bonheur !
» C'était donc en passant sous la lanterne,
» comme l'armée romaine sous les fourches
» caudines, que les représentans allaient se
» réunir pour nous donner des lois qui assu-
» rassent notre indépendance ! Quoi ! des es-
» claves parlaient de nous affranchir ! Ils n'ont
» su faire qu'un esclave de plus, et c'était le roi.

» Il faudrait rapporter tout l'ouvrage, pour
» connaître et citer les insultes multipliées
» faites à l'autorité du monarque, le meilleur
» et le mieux intentionné, peut-être, qu'on ait
» jamais vu sur le trône ; et si des larmes de
» douleur et d'indignation ne coulent pas des
» yeux, si les accens du remords ou du respect
» ne se font pas entendre au fond du cœur, si
» l'on éprouve le besoin légitime de réparer,
» dans la personne de son auguste frère, le
» mal qu'on a fait ou laissé faire à ce prince
» infortuné, l'auteur aurait tort, puisqu'il
» n'aurait point atteint le but qu'il s'était pro-
» posé ; mais nous ne le croyons pas : si l'émo-
» tion dont nous sommes encore pénétrés en
» achevant la dernière page de cet ouvrage,
» nous est un sûr garant de l'attendrissement
» de tous les lecteurs, alors l'ouvrage n'est
» point manqué ; comment alors pourrait-il
» être infructueux (1) ? »

---

(1) Histoire des Etats-Généraux ou Assemblée nationale , en 1789 , sous Louis XVI , par M. Granié , avocat
au conseil du roi ; 1 vol. in-18. Prix : 3 fr., et 3 fr. 75 c.
franc de port. — A Paris , au Bureau du Journal des
Arts , rue des Moulins , n°. 21 ; chez Lenormant, im-
primeur-libraire , rue de Seine , n°. 8 ; Jeulin , libraire ,
Palais-Royal , galerie de bois , n°. 225, et Martinet,
libraire , rue du Coq Saint-Honoré.

(30)

Certes, on ne peut disconvenir que des hommes d'un mérite distingué ne formassent une grande partie de l'assemblée constituante, et qu'ils n'eussent les meilleures intentions. Mais combien n'ont-ils pas de reproches à se faire, et combien ne sont-ils pas coupables de s'être laissé dominer par une faction dont ils ne pouvaient ignorer les projets régicides, surtout après les affreuses journées des 5 et 6 octobre, où l'asile du roi fut violé à main armée, et ses gardes-du-corps assassinés sous ses yeux! Comment, d'après la procédure instruite par le châtelet sur ces déplorables évènemens, et de laquelle il résultait qu'il y avait lieu à accusation contre le duc d'Orléans et contre le comte de Mirabeau, les députés, amis de leur patrie et de leur roi, ne se sont-ils pas opposés à ce que l'assemblée s'emparât de la procédure, d'après un rapport (1) qui les rend tous complices? Elle

____

(1) Chabroud, avocat, expie, dans les langueurs et les remords, le rapport faux et mensonger qu'il fit en connaissance de cause. (Lire les forfaits des 5 et 6 octobre 1789, en deux volumes.) Il n'eut, au surplus, que le résultat d'avoir momentanément différé, en faveur de ses cliens, le trop juste châtiment qui leur était réservé.

(31)

se constitua seule juge de cette affaire. Ne voyait-on pas que la liberté publique était perdue, du moment où le pouvoir législatif s'arrogeait le pouvoir judiciaire ? N'était-il pas évident que l'inviolabilité des députés, quoique générale, n'était que le plastron des députés coupables et le privilège de l'impunité ?

C'est ainsi que, d'attentats en attentats, cette assemblée s'empara de tous les pouvoirs, que la royauté ne fut plus qu'un fantôme, que l'anarchie la plus tyrannique s'établit en France ; que l'assemblée législative, enhardie par ces premiers et désastreux succès, fut encore plus usurpatrice, et que la troisième assemblée, appelée *Convention,* poussa si loin les crimes et les excès des deux premières, que, sous son règne, on vit des brigands et des assassins furieux tenir les rênes du gouvernement, remplir toutes les places, dévorer tous les trésors de l'état, et ne laisser après eux, sur la surface de la France, que du sang, des ruines et des tombeaux.

Convenons donc, enfin, que la convocation des états-généraux sera une mémorable époque du bouleversement, non seulement de la France, mais de l'Europe entière.

Cette mesure, si désastreuse dans ses effets, fut commandée par la nécessité. Le gouvernement avait perdu son énergie ; en perdant de sa considération vers la fin du règne précédent, il ne put la reprendre sous le nouveau règne ; la division des différens ordres de l'état, le désordre des finances, l'impunité de quelques ministres, la direction qu'avait prise l'opinion, d'autres causes encore avaient relâché tous les ressorts de l'autorité.

Un jeune monarque, trop modeste et trop expérimenté pour prendre sur lui la conduite du vaisseau de l'état dans ces momens de la tempête, fut obligé de confier le gouvernail à des pilotes qui ne surent pas éviter le naufrage.

Les parlemens avaient refusé l'enregistrement de tous les édits qui pouvaient cicatriser les plaies de l'état ; ils avaient, en un mot, tout refusé au roi, et en des termes si peu ménagés et si peu mesurés, qu'ils ont été les premiers à donner le signal de la rebellion à cet excellent prince qu'ils avaient placé entre la banqueroute qui devait ruiner l'état, et les états-généraux qui pouvaient renverser le trône, et les parlemens savaient bien que la probité du monarque choisirait les états-généraux.

Les princes de l'Eglise, les évêques, les abbés, les religieux de tous les ordres, qui, comblés de la libéralité des souverains, possédaient des biens immenses, n'ont rien voulu en détacher pour conserver la couronne sur le front du meilleur des souverains.

Les grands de l'état, les seigneurs, les gentilshommes, eux tous que l'honneur et la naissance plaçaient autour du trône pour en être les appuis, ont-ils fait, nous ne dirons pas quelques sacrifices, mais tout ce qu'il fallait pour le sauver ? On leur demandait une partie de leurs privilèges, les ont-ils généreusement accordés ?

La France était comme un malade attaqué d'une maladie compliquée, et qui ne pouvant trouver de secours dans l'art des médecins, s'abandonne aux charlatans. Tous les gens à talens qui pensaient bien étaient pénétrés de cette vérité, que la France ne pouvait recouvrer l'ordre et la tranquillité qu'en reconstruisant, pour ainsi dire, le gouvernement sur de nouvelles bases plus fixes, et en conciliant, par de sages institutions, l'autorité du monarque avec les droits éternels de tous les peuples. Ceux qui composaient la saine partie de cette fameuse assemblée, aimaient la liberté, mais cette sage liberté qui a besoin de limites comme le pouvoir qui peut se lier à toutes les formes du gouvernement, et qui, chez une nation comme la nôtre, accoutumée depuis plus de neuf siècles au régime monarchique, ne peut plus s'y établir et prendre racine qu'autant qu'on la rattache aux mœurs et aux habitudes nationales.

Tels sont les principes de ces véritables Français qui ont figuré dans cette trop fameuse assemblée qui renfermait dans son sein, ainsi que nous l'avons déja répété plusieurs fois, beaucoup de lumières, de talens, d'idées nobles et généreuses, mais qui, plus égarés, peut-être, par l'ignorance générale des vrais principes de gouvernement que par des vues sinistres, ne s'apercevaient pas qu'en travaillant à dégrader l'autorité royale, ils préparaient la destruction de la royauté elle-même.

Plusieurs d'entre ceux que nous signalons défendirent avec constance, fermeté et courage, et le monarque et la monarchie.

Nous éprouvons le besoin, par les souvenirs que nous allons rappeler, de nommer les Maury, les Mirabeau jeune, les Cazalès, les Malouet, les Baunay, les Lally-Tollendal,

les Clermont-Tonnerre, les Duval d'Espré-
mesnil, et quelques autres qui se signalèrent
dans cette honorable lutte; les uns avec des
principes plus savans et plus absolus, les autres
avec l'éloquence de l'ame et celle des talens,
ceux-ci avec une logique aussi ferme, mais
avec des formes plus conciliantes.

Mais que peuvent la raison et la sagesse
contre les intrigues et la faction qui appelle
à son secours les fureurs de la populace? La
France est perdue, se sont-ils tous dit; ne
soyons plus désormais spectateurs des maux
que nous prévoyons et auxquels nous ne
voyons plus de remèdes; fuyons avec douleur
notre patrie, et cherchons une retraite dans
cette île hospitalière, où des milliers de Français comme nous ont trouvé un si généreux
asile.

Voilà la cause de nos maux et la ruine de la
France. Ce n'est donc plus un problême : la
dissolution du corps politique en France et
l'abîme dans lequel le royaume a été plongé,
sont le résultat de la criminelle usurpation de
la puissance souveraine, non seulement par
les trois assemblées que nous venons de citer,
mais encore par toutes celles qui se sont suc-
cédées, sans en excepter le dernier tyran, sur

le compte duquel, pour ne point souiller notre plume, nous garderons le plus profond silence comme le plus souverain mépris.

Il est incontestable que tous les hommes qui ont figuré dans ces assemblées doivent, à la Divinité qu'ils ont outragée, à la nation qu'ils ont trahie, au meilleur des rois qu'ils ont immolé à leur fureur (1), une réparation expiatoire, publique et solennelle ; et tous les bons Français doivent non seulement la désirer, mais encore l'exiger, pour se soustraire à l'infamie de la complicité avec les factieux, et pour rendre encore, s'il est possible, au

----

(1) L'infortuné Louis XVI, monté sur l'échafaud, s'exprima ainsi : « Je meurs parfaitement innocent de tous les prétendus crimes dont on m'a chargé; j'espère même que l'effusion de mon sang contribuera au bonheur de la France.... Et vous.... peuple infortuné.... » Ici le féroce Santerre, qui commandait l'exécution, se permit d'interrompre le roi, et de lui crier : « Je vous ai amené ici, non pour haranguer, mais pour mourir. » Parfaitement secondé par le général Berruyer, commandant des invalides, celui-ci, et non pas Santerre, comme on l'en accusait, donna le signal du fatal roulement qui couvrit la voix du plus infortuné monarque, qui, plein de résignation, présenta sa tête sous le fatal couteau, et que le bourreau s'empressa de montrer au peuple.

nom français l'honneur qu'il a perdu chez les nations qui respectent encore les droits de la nature, de la justice et de l'humanité.

Puisse le repentir des Français rendre moins sévère pour eux le jugement de la postérité ! puisse, enfin, l'exemple (1) de nos malheurs porter un effroi salutaire chez tous les peuples, et leur inspirer à jamais l'horreur des révolutions !

C'est pour parvenir à ce but que l'on propose un Projet de Pompe funèbre, une réparation expiatoire, publique et solennelle.

J'abandonne à une plume plus exercée et plus éloquente, l'appel fait à la nation elle-même du jugement de mort de Louis XVI, interjeté par cet infortuné monarque par sa

---

(1) Autre trait de férocité et de scélératesse du brasseur Santerre, qui osa se présenter, avec une foule de brigands comme lui, armés de toutes pièces, au palais des Tuileries, le 20 juin 1792, et pénétrer avec cette tourbe jusqu'auprès de la personne du roi et de son auguste famille, en lui disant de ne point avoir peur. Le roi, sans hésiter, prit alors la main d'un grenadier des Filles-St.-Thomas qui était à ses côtés, la porta sur son cœur, en lui disant : « Répondez vous-même à cet homme si j'ai peur... » C'était un essai que l'on faisait pour amener avec plus de succès la fatale journée du 10 août 1792.

lettre du 16 janvier 1793, et sur lequel il importe de donner suite pour anéantir ce monument de fureur, d'iniquité et de crimes qui déshonore la France et la nation entière que l'on a calomniée, puisque la plupart des régicides ont osé proclamer qu'ils étaient leurs mandataires et leurs organes.

PROJET

DE POMPE FUNÈBRE.

Lᴇ 21 janvier, à dater du 21 janvier 1816, et à perpétuité, sera désormais nommé, en France, *le jour d'Expiation et du Repentir.*

Ce jour-!à, tous les travaux, tous les spectacles seront suspendus et fermés.

Dans chaque église de paroisse, il y aura un sarcophage, sur lequel sera placé la liste imprimée des députés à la convention qui ont voté la mort du roi, sans en excepter ceux même qui ont osé le déclarer coupable.

Les noms des braves qui, aux dépens de leur vie, ont eu le courage, ou de se récuser, ou de ne point voter, seront pareillement inscrits sur une liste séparée, en caractères d'or et d'argent, symbole de leur pureté.

Dans toute l'étendue du royaume, les habi_tans des deux sexes prendront le deuil, autant que leurs facultés pourront le leur permettre.

Il sera défendu, par une déclaration du roi, publiée auparavant, à tous les régicides d'occuper aucune fonction publique, ni d'habiter plus près de quarante lieues de la capitale et du palais du roi ; défenses seront également faites de dire aucune injure, ni faire aucune insulte aux parens des députés qui ont osé juger leur roi (les fautes devant être personnelles). La même ordonnance conservera à leurs parens tous les avantages accordés aux autres Français ; ils auront la faculté, s'ils le jugent à propos, de changer leurs noms de famille et d'en adopter d'autres, qui seront consignés sur les registres de l'état civil de chacun d'eux.

Dans chaque église, il sera célébré un service pour le repos de l'ame de Louis XVI, roi de France et de Navarre. Le célébrant prononcera, en chaire, l'oraison funèbre de ce prince ; il y rappellera qu'il n'avait convoqué les états-généraux que pour le bonheur public ; il dira les outrages faits à sa personne, à la famille royale, son auguste épouse, Louis XVII son fils, sa vertueuse sœur ; leur courage dans leur captivité, leur belle résignation à la mort, le pardon du roi pour ses assassins ; ensuite il fera amende honorable pour les membres des trois assemblées qui ont prêché l'hérésie et la destruction du culte catholique en France, et pour ceux qui ont détruit la royauté, osé juger et faire périr leur roi.

Comme l'assassinat du roi a été commis à Paris, il convient que cette cérémonie y soit marquée par des caractères différens que dans les autres villes et paroisses du royaume.

En conséquence, à Paris, avant de célébrer la cérémonie, l'emplacement du manège, où les régicides ont condamné le roi, sera préalablement purifié par le feu.

Dans la partie la plus apparente de cet emplacement, il sera érigé une colonne d'airain, sur laquelle seront inscrits les cinq appels nominaux faits dans les séances des 15, 16, 17, 18 et 19 janvier 1793, sur le jugement de Louis XVI.

Il en sera érigé deux autres sur la place Louis XV ; l'une faisant face au château des Tuileries ; l'autre au grand chemin de Neuilly, à la place même où le crime fut consommé.

Ces trois colonnes n'auront de hauteur que celle qui permettra au public de lire facilement ce qui y sera inscrit.

Sur celle en face des Tuileries, on y gravera les actes de justice et de bienfaisance du roi Louis XVI :

1°. La nation française rendue aux anciennes institutions qui établissent sa véritable liberté ;

2°. La convocation des états-généraux en 1789 ;

3°. L'abolition des lettres de cachet, excepté le cas où la sûreté de l'état et la tranquillité des familles exigent cette mesure ;

4°. La suppression de la question et de la corvée ;

5°. L'état civil rendu aux protestants en France, et la tolérance des cultes ;

6°. La marine rétablie ;

7°. Paris embelli ;

8°. L'air, dans l'intérieur de la ville, rendu plus salubre ;

9°. Les honneurs et encouragemens accordés aux agriculteurs, aux savans et aux négocians ;

10°. Les attentions et les soins personnels du roi dans les tems de calamités, et secours accordés par lui aux classes indigentes ;

11°. Le tiers-état déclaré habile à remplir les places du gouvernement, ecclésiastiques, civiles et militaires, concurremment avec la noblesse ;

12°. Et enfin, le testament du roi y sera

aussi gravé en entier, comme un monument élevé à la piété.

Sur la colonne en face du chemin de Neuilly, on y gravera tous les outrages et les attentats commis sur la personne sacrée du roi et de la famille royale depuis 1789, époque de l'ouverture des états-généraux :

1°. L'assemblée du jeu de paume, le 17 juin 1789, où les factieux levèrent l'étendard de la rebellion ;

2°. Le 14 juillet, incendie des barrières, surprise de la Bastille, et massacres commis sur les fidèles sujets du roi à qui elle était confiée ;

3°. Le 17 juillet 1789, lorsque le roi vint, sans escorte, à l'hôtel-de-ville de Paris pour apaiser les troubles excités par les factieux, ils le forcèrent de porter à son chapeau la cocarde qu'ils avaient adoptée au moment de leur révolte ;

4°. La nuit du 4 août, qui a dissous le corps social de l'état et porté la ruine dans toutes les classes de la société ;

5°. Les affreuses journées des 5 et 6 octobre 1789, où le château de Versailles fut investi par des brigands armés par les factieux ; les massacres des gardes-du-corps ; le roi forcé de venir faire sa résidence à Paris ;

6°. Le départ du roi, le 19 juin 1791 , de Paris, pour se rendre aux frontières, pour aviser aux moyens de sauver la France des malheurs qui la menaçaient ; son arrestation à Varennes, par le fait d'un monstre, nommé Drouet (de Sainte-Menehould), payé par les factieux, qui, pour sauver sa tête du châtíment dont tous les Français le menaçaient, est admis dans le sein de ces assemblées séditieuses, qui lui accordent un privilège d'inviolabilité ;

7°. Le 25 juin 1791, retour du roi de Varennes dans Paris, comme prisonnier ; les outrages qu'il reçoit sous les yeux de La Fayette, qui prêchait l'exemple à la populace, qu'il tenait toujours ameutée et en haleine ;

8°. Le 20 juin 1792, les factieux investissent le château des Tuileries, y pénètrent avec du canon, et menacent la vie du roi, de la reine, de son auguste famille et de ses fidèles serviteurs, guidés par un autre monstre, nommé Santerre ;

9°. Le 10 août 1792, le palais du roi est encore investi, attaqué et canonné. Le roi, avec la famille royale, croyant éviter l'effusion du sang et apaiser les troubles, se retirent, avec confiance, au sein de la convention ; pendant ce tems, les factieux (qui n'étaient autres que des forçats échappés des bagnes, que l'on appelait *Marseillois*, et que les braves habitans de cette ville ont courageusement désavoués), commandés par A... ...., commandant, à cette époque, le faubourg Saint-Marceau, tirent sur le château, y pénètrent et le mettent au pillage; nombre de Suisses et de fidèles serviteurs du roi sont tués et massacrés ;

10°. La convention envoie le roi et la famille royale prisonniers dans la tour du temple ;

11°. La convention ose juger son roi le 19 janvier 1793 ;

12°. Et enfin, la convention et le pouvoir exécutif, composés de Le Brun, président, Clavières, Pache et Monge, font exécuter ce jugement d'iniquité, que le ministre Garat a osé prononcer au roi, dans la tour du Temple, la veille de son exécution, qui fut accompagnée d'une circonstance qui fait frémir la nature, et qui suit :

L'infortuné Louis XVI, monté sur l'échafaud, s'exprima ainsi : « Je meurs parfaite-
» ment innocent de tous les prétendus crimes

» dont on m'a chargé ; je pardonne à ceux
» qui sont cause de mes infortunes ; j'espère
» même que l'effusion de mon sang contri-
» buera au bonheur de la France........
» et vous, peuple infortuné !............»
Ici le féroce Santerre, qui commandait l'exécution, se permit d'interrompre le roi et de
lui dire : « Je vous ai amené ici, non pour
» haranguer le peuple, mais pour mourir, »
et Berruyer, commandant alors des Invalides,
donna le signal du fameux roulement......

Entre ces deux colonnes, il sera érigé une
chapelle qui portera le nom de *Chapelle
expiatoire*, dont l'entrée sera face au pont
de Louis XVI ; elle sera éclairée jour et nuit
par une lampe sépulcrale ; il y sera dit, tous
les jours, une messe basse pour le repos de
l'ame du roi, à l'heure même où l'assassinat
fut commis. Cette chapelle sera alternative-
ment desservie par des prêtres des paroisses
de Paris ; le chapelain d'honneur sera le respectable abbé D'Ecworth, qui a assisté le
roi dans ses derniers momens.

Près de la chapelle, il y sera établi un corps-
de-garde. Deux factionnaires feront, jour et
nuit, la garde de la chapelle et des monumens
érigés près d'elle.

(47)

Le 21 janvier de chaque année, à six heures
du matin, la cérémonie sera annoncée dans
Paris par le son de toutes les cloches des paroisses, par la générale qui sera battue, et
par des décharges d'artillerie.

Tous les militaires qui seront à Paris, tant
en infanterie qu'en cavalerie, formeront le
cortège.

Les gardes-du-corps du roi y auront des
détachemens, et auront le pas sur les autres
corps militaires, ce jour-là particulièrement.

Les façades de toutes les églises seront ten-
dues en noir.

A huit heures du matin on dira des messes
basses dans toutes les paroisses de Paris, pour
toutes les personnes qui ne pourront pas as-
sister à la cérémonie.

A neuf heures du matin tous les curés de
Paris, à la tête de leur clergé, se rendront
à l'église de Notre-Dame.

Les princes du sang et tous les ministres,
les deux chambres, toutes les grandes auto-
rités administratives, judiciaires et de police,
s'y rendront aussi.

Le corps de ville, ayant à sa tête le préfet
du département, les cours souveraines, les six
corps des marchands, les députés des arts et

métiers, l'université, les académies, s'y rendront aussi.

L'église de Notre-Dame sera décorée comme autrefois, lors des cérémonies funèbres de rois : il y aura un catafalque. (M. l'abbé d'Ecworth, les plus proches parens de M. Malsherbes, de M. Tronchet, et de M. Desèze, défenseurs du roi, y auront une place distinguée.)

M. l'archevêque de Paris fera, au nom du clergé de France, amende honorable pour les blasphêmes, impiétés, profanations, sacrilèges et outrages faits à la Divinité, pendant la révolution, par des prêtrès français, particulièrement par l'évêque Gobet, tous les apostats et prêtres mariés, ses complices.

Ensuite le cortège général se mettra en marche, précédé et suivi de la force militaire, et se rendra sur la place du Carrousel et à la porte des Tuileries : le préfet du département de la Seine fera, au nom de la ville de Paris, amende honorable pour les outrages faits à la majesté royale, en la personne de Louis XVI, pendant le règne des factieux.

Aussitôt après on se rendra sur l'emplacement du manège, où là, M. le curé de Saint-Roch fera amende honorable au nom des trois

(49)

assemblées, pour les outrages faits à la Divinité et au Roi, dans les lieux des séances, et pour tous les députés qui se sont érigés en juges de leur roi, et ont osé le déclarer coupable.

Ensuite le cortège se rendra à la place Louis XV, à l'endroit même où le crime fut consommé : M. l'abbé d'Ecworth fera amende honorable au nom des députés qui ont voté la mort du roi ; il dira ensuite la messe dans la chapelle expiatoire, pour le repos de l'ame du roi Louis XVI.

Des décharges d'artillerie annonceront le moment où les amendes honorables seront prononcées.

Après la messe dite dans la chapelle expiatoire, le cortège se rendra à Notre-Dame, où le service se fera à la manière accoutumée : l'oraison funèbre du roi y sera prononcée.

Il sera aussi ordonné des services et des prières publiques pour Louis XVII, la reine Marie-Antoinette d'Autriche, madame Elisabeth, sœur du feu roi Louis XVI, et pour toutes les victimes qui ont péri par les proscriptions des factieux.

Par M. S.......D., *Avocat.*

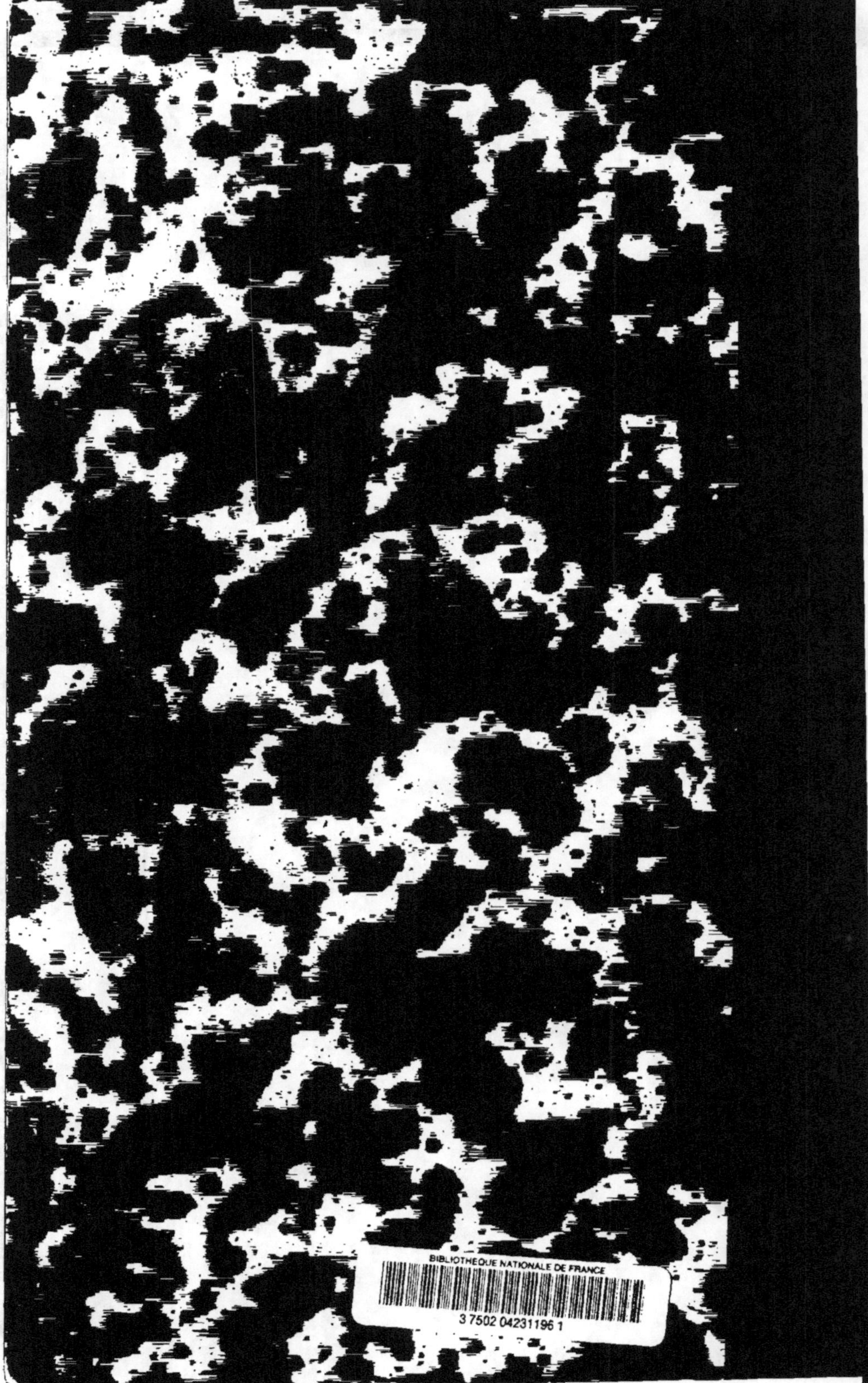